la vida en el mar

Barron's Educational Series, Inc. tiene los derechos exclusivos para distribuir esta edición en los Estados Unidos, Méjico, Centro América, Sudamérica, el Reino Unido y Australia.

Barron's Educational Series, Inc.
250 Wireless Boulevard
Hauppauge, New York 11788

Primera edición, agosto 1987
Publicado en acuerdo con Parramón, Barcelona, España

© Parramón Ediciones, S.A.
Primera edición, Octubre 1986

Número Internacional del libro 0-8120-3869-X

Library of Congress Catalog No. 87-12449

Library of Congress Cataloging-in-Publication Data

Rius, María.
  La vida en el mar.

  (La Vida)
  Summary: Little Salmon observes a variety of living things as he swims with Great Salmon down the river to the sea. Includes factual information about animals that live underwater.
  [1. Salmon—Fiction. 2. Marine animals—Fiction.
3. Spanish language materials] I. Parramón, José María.
II. Title. III. Series.
PA73.R524   1987   87-12451
ISBN 0-8120-3869-X

Depósito Legal: B-31.163-88

Estampado en España por Cayfosa
Sta. Perpètua de Mogoda
(Barcelona)

89   9960   98765432

María Rius
Josep Mª Parramón

la vida en el mar

BARRON'S

Nueva York • Londres • Toronto • Sidney

Había una vez un pez pequeñito
que se llamaba Salmón y vivía en
las aguas de un río.

Salmón era muy feliz; tenía muchos hermanos y muchos amigos; el cacho, la perca, la trucha…

Pasó el tiempo y cuando Salmón ya tenía tres años, su maestro el Gran Salmón le dijo: «Mañana iremos por el río hacia el mar.»

Al día siguiente, empezaron a descender por el río. Salmón iba nadando junto a Gran Salmón cuando de pronto, vieron algo parecido a un pececito de colores flotando en el río. Y iba a comérselo, cuando el maestro gritó: ¡Cuidado!

Y entonces el Gran Salmón les dijo que aquello era un anzuelo y que detrás de un anzuelo siempre había un hombre que pescaba truchas y salmones.

Siguieron río abajo y el río crecía y había mucha agua, hasta que por fin llegaron al mar. ¡Y el mar era grande, profundo inmenso...!

Y había peces; muchos peces grandes y pequeños, de muchas formas y muchos colores.

Salmón estaba muy contento… asomó la cabeza fuera del agua y entonces vio una barca con unas luces y unos hombres que tiraban unas cuerdas al mar. ¡Huyamos! —le gritó el Gran Salmón—. ¡Son pescadores que tiran la red al agua para cogernos!»

Salmón y su maestro nadaron muy deprisa hacia el fondo del mar y he aquí que Salmón vio un pez enorme. ¡No te acerques —gritó otra vez su guía— ¡El pez grande se come al pequeño!

El fondo del mar era maravilloso: Nadaron junto a un gran pulpo, pasaron detrás de unos caballitos de mar, y vieron desde lejos a un cachalote que jugaba con un pez espada.

Fueron a la costa y junto a las rocas vieron conchas y caracolas, moluscos y langostas.

Y más abajo, en las rocas y en el fondo, vieron multitud de plantas, algas, esponjas y corales.

Era un paisaje fascinante, con peces extraños, caballitos y estrellas de mar, ostras con perlas, túneles en la roca, manadas de peces, corales rojos y amarillos... ¡Era fantástico!

¡ERA LA VIDA BAJO EL MAR!

LA VIDA EN EL AGUA

Las profundidades marinas no ofrecen su belleza singular: El estatismo de algas y corales y el rápido deslizar de peces y otras especies animales, evidencian que el mundo acuático es un medio vivo, en constante actividad.

La vida acuática

El agua es el hábitat de un elevado número de seres vivos. Ello no debe extrañarnos, ya que el agua ocupa las tres cuartas partes de la superficie terrestre y, por tanto, es lógico que la vida se dé en gran medida dentro del medio acuático. Peces, anfibios y moluscos son los habitantes por exelencia de este mundo, aunque no los únicos: aves nadadoras —como el pato y el cisne—, e incluso algún mamífero —la ballena y el delfín—, moran también en el agua.

Los peces

Los peces son animales vertebrados (esto es, con esqueleto). Según sea la composición de sus huesos o espinas, se dividen en *teleóseos* (con esqueleto óseo) —como la carpa, la merluza o el bacalao, o *selacios* (de esqueleto cartilaginoso), como el tiburón.
Los peces son *ovíparos* (nacen de huveo) y tienen el cuerpo cubierto de escamas. Para desplazarse por el agua, nadan moviendo las aletas. Pueden vivir en agua dulce o salada, según sean peces de río —como la carpa o la trucha—, o de mar —como la sardina, el mero o el lenguado—. Algunas especies, como el salmón, viven indistintamente en ambos medios.

El salmón del Atlántico

El salmón rojo, pez de carne exisita, muy apreciada por los gastrónomos, remonta los ríos europeos desde su residencia habitual en aguas Atlánticas, para ir *desovar* justo en el lugar exacto donde nació, cinco o seis años antes. Nunca equivoca la ruta, lo que ha hecho pensar a biólogos y zoólogos que, al igual que algunas aves, el salmón se podría orientar por las estrellas o poseer una sensibilidad especial que le permite reconocer la temperatura, el olor y las características concretas de sus aguas de origen. La vida marina del salmón es un punto que se desconoce; se sabe, como único dato, que durante su estancia en el mar se alimenta de *plancton*, lo que confiere a su carne esa tonalidad rojiza que le caracteriza.

Los anfibios

Imaginemos que nos hallamos en las cercanías de una charca o lago; seguro que no tardaremos en escuchar el agudo croar de una rana. Las ranas, como los sapos, salamandras y tritones, viven cerca del agua o dentro de la misma, ya que su piel debe mantenerse siempre húmeda; la primera época de su vida transcurre por completo en el medio acuático. Pertenecen al grupo de los *anfibios*, animales que tienen como característica principal —además de esta dualidad tierra-agua—, que a lo largo de su vida sufren diversas transformaciones en su apariencia externa (por ejemplo: la rana, antes de ser como todos la conocemos, ha sido un huevo, más tarde un renacuajo y luego una rana).Este proceso se llama *metamorfosis*.

Los moluscos

Mayoritariamente, los moluscos también viven en el agua. Son moluscos todos aquellos animales *invertebrados* que protegen su cuerpo con una *concha* —como el mejillón, las almejas, los calamares o el pulpo—. En algunas ocasiones —caso del calamar o del pulpo—, la concha del animal se encuentra en el interior de su cuerpo, mientras que en otros moluscos, la concha es exterior y se adhiere fuertemente a las rocas. En general, los moluscos son muy apreciados como manjar y constituyen el plato "rey" de muchas cocinas marineras.